AF365532

Un agradecimiento especial a **Griet** y **Ann** por su amistad y apoyo mientras escribía este libro y por la sanación interior tan profunda que recibí en el laberinto de lasendacostarica.com

Derechos de autor © 2019
Carmen Martínez Jover
www.carmenmartinezjover.com
Derecho de autor sobre las ilustraciones © agosto 2020
Carmen Martínez Jover

Es tiempo de que nazca el alma, un cuento sobre adopción
ISBN-978-607-29-2248-8

Historia e Ilustraciones:
Carmen Martínez Jover
Layout & text layout:
Víctor Nieto
flippon@gmail.com
Traducido al Español por
Eleonor Merino Hamer
merinohe@gmail.com

Nicole,
te dedico esta historia.

Gracias por elegir estar en mi mundo y
transitar conmigo todos los desafíos que
la vida nos ha puesto en el camino.
Estoy muy orgullosa de ti y agradezco la
bendición de tenerte en mi vida.
Haber creado este libro junto contigo,
Nicole, ha sido el mejor regalo que
pudiera haber recibido.

Te amo, Mamá

Es Tiempo de que Nazca el Alma
Escrito e ilustrado por Carmen Martínez Jover

Matilda era una hermosa alma que habitaba el reino espiritual.

Vivía conectada a la fuente divina, en gran paz, agradecida y rodeada de amor incondicional.

ue ahí que conoció a su grupo de almas. Algunas ya habían estado con ella antes, otras se alistaban para acompañarla en el futuro. Algunas incluso habían acordado estar a su lado y apoyarla en los retos que había elegido.

Había llegado el momento en que Matilda debía nacer, así que fue a visitar a los Sabios y juntos planearon su nueva vida.

El momento
era perfecto,
y los Sabios
le dieron importantes
consejos antes de
su partida.

Los Sabios le dijeron
" Matilda, cuando
nazcas… recuerda:
sé feliz, sé agredecida,
sé tu misma, sé espiritual,
conéctate con tu entorno,
interésate en los demás,
ama a la naturaleza,
ama y sé amada,
vive el presente,
ríe, sueña, sonríe,
sé audaz, medita,
diviértete, perdona,
escucha, "
sé amable

Los sabios le mostraron a Matilda distintas opciones de vida. Podría nacer en

diferentes países, tener diferentes religiones e incluso podría ser niño o niña.

En una de
esas opciones,
Matilda vio a
Didi y Canik
por primera vez.

Pudo ver destellos
de lo que sería su vida
con ellos como sus padres.
Sería una vida llena de aventuras
y desafíos, con momentos
alegres llenos de risas y otros
de lágrimas, pero siempre
repletos de amor.

La vida que eligió
comenzó con un
gran reto.

Los Sabios le explicaron a **Matilda** que
no nacería de una forma convencional,
así que tendría que encontrar el vientre
de otra señora para poder nacer.
Una vez que naciera, con la ayuda de
la adopción, ella podría llegar con los
padres que había elegido.

Matilda aceptó el reto.

Matilda inició el viaje del reino espiritual...

Al vientre...
A Didi y Canik.

Matilda disfrutaba estar con sus padres.

Soul's Time to be Born

Matilda creció... y creció... y creció... y creció...
... y vivió felizmente, las alegrías y los retos rodeada de sus padres y amigos.

Recuerda
lo que te dijeron
los Sabios.

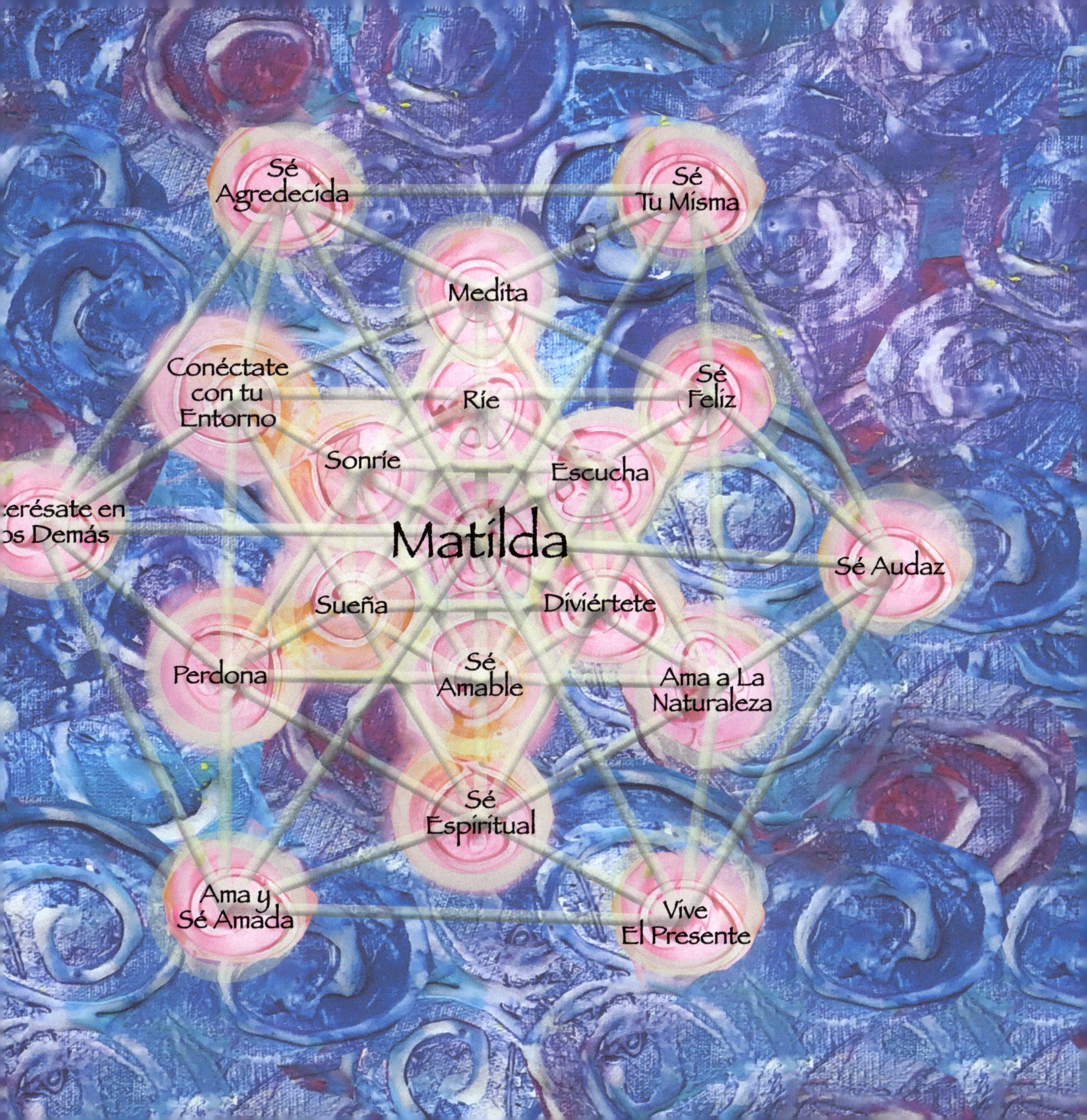

Sé Agredecida
Sé Tu Misma
Medita
Conéctate con tu Entorno
Ríe
Sé Feliz
Sonríe
Escucha
Interésate en los Demás
Matilda
Sé Audaz
Sueña
Diviértete
Perdona
Sé Amable
Ama a La Naturaleza
Sé Espiritual
Ama y Sé Amada
Vive El Presente

Consejos de
Matilda
para la
felicidad

1 Siéntate y ponte cómodo.
2 Respira hondo 3 veces.
3 escucha el latido de tu corazón. Relájate.
4 Sonríe. Siéntelo en tu corazón.
5 Piensa en 10 cosas que le agradeces a la vida.

Mamá
Fertility Coach
Terapeuta
Conferencista Internacional
Autora
Artista
Lo que comenzó como su peor pesadilla se convirtió en mi mayor bendición.
Hormonas
Inyecciones
Demasiadas fertilizaciones fallidas
Depresión
Esta es la historia de Carmen

Personalicen su propia historia
con sus nombres.
books.carmenmartinezjover.com

Dos Papás

Quiero tener
Un Hijo

Donación de
Óvulos

Recetas para
tener Bebés

Adopción

Madre Soltera
por Elección

*Disponible en: English, Español, Français,
Italiano, русский, Português, Polsku, & Deutsch